# CATALOGUE

## DE

# BEAUX MEUBLES

## EN MARQUETERIE.

---

### EXPOSITION PUBLIQUE

Le mercredi 26 novembre 1845, de midi à quatre heures.

---

## PARIS

IMPRIMERIE ET LITHOGRAPHIE DE MAULDE ET RENOU,

Rue Bailleul, 9 et 11, près du Louvre.

1845

# LE CABINET

## DE

# L'AMATEUR ET DE L'ANTIQUAIRE

### REVUE MENSUELLE

#### PUBLIÉE PAR MM. EUGÈNE PIOT ET FRÉDÉRIC VILLOT.

### *3ᵉ Année.*

Ce recueil paraît tous les mois par livraisons de trois feuilles (48 pages) grand in-4° avec planches et illustrations dans le texte. Outre des eaux fortes de MM. EUG. DELACROIX, TH. CHASSÉRIAU, L. MEISSONIER, ÉMILE WATTIER, etc., nous citerons parmi les travaux déjà publiés les articles suivants :

Sur l'étude des vases antiques par M. CH. LENORMANT. — Des faussaires en médailles, Jean Cavino et Alex. Bassiano Padouans (1ʳᵉ *partie*), par M. de MONTIGNY. — Considérations sur les graveurs en médailles et en pierres fines de l'antiquité, par M. RAOUL-ROCHETTE. — De l'architecture militaire au moyen âge, par MM. MÉRIMÉE et AB. LENOIR (*orné de 120 gravures sur bois*).

Histoire de la vie et des ouvrages de Bernard Palissy, par M. EUG. PIOT. — Description de quelques monuments émaillés du moyen âge, par M. DE LONGPÉRIER. — Histoire des armes de guerre, Panoplie antique et moderne, par M. GRANIER DE CASSAGNAC. — Traité d'orfévrerie de *Benvenuto Cellini*, traduit pour la première fois par M. EUG. PIOT. — Histoire du verre et des vitraux peints, par M. L. BATISSIER. (*Travail étendu, orné de dix planches de vitraux coloriés.*) — Exposition de l'industrie française *Orfévrerie et fonte des bronzes*, par M. FRÉD. VILLOT.

De la distinction des copies et des originaux en peinture, par M. TH. GAUTIER. — Réflexions sur la manière d'étudier la couleur, par J.-B. OUDRY (*manusc. inédit*). — Hubert et Jean Van Eyck, par M. V. SCHOELCHER. — Journal de voyages, correspondances et mémoires inédits d'ALBRECHT DURER. — David Teniers, par M. ARSÈNE HOUSSAYE. — Claude Gelée, dit le Lorrain, par M. EUG. PIOT. — Collection de tableaux de Charles Iᵉʳ, roi d'Angleterre, par M. KONRAD. — Catalogue général des ouvrages de peinture exposés au salon du Louvre depuis l'origine en 1600 jusqu'à 1789.

CATALOGUES RAISONNÉS des estampes gravées par Claude Lorrain, Raph. Morghen, Francisco Goya y Lucientes, Valentin Lefebre, etc., etc., et un grand nombre d'articles relatifs à la *biographie*, à la *numismatique*, aux *tableaux*, aux *estampes* anciennes, à la *curiosité*, et un *compte-rendu* très détaillé des *ventes publiques* de la France et de l'étranger. (Prix d'adjudication.)

## ON S'ABONNE A PARIS, RUE LAFFITTE, 2.

PRIX : Pour Paris, 20 francs; pour les départements, 22 francs.

DUCHATEL, Porteur de Catalogues,
Rue du Rocher, 13.

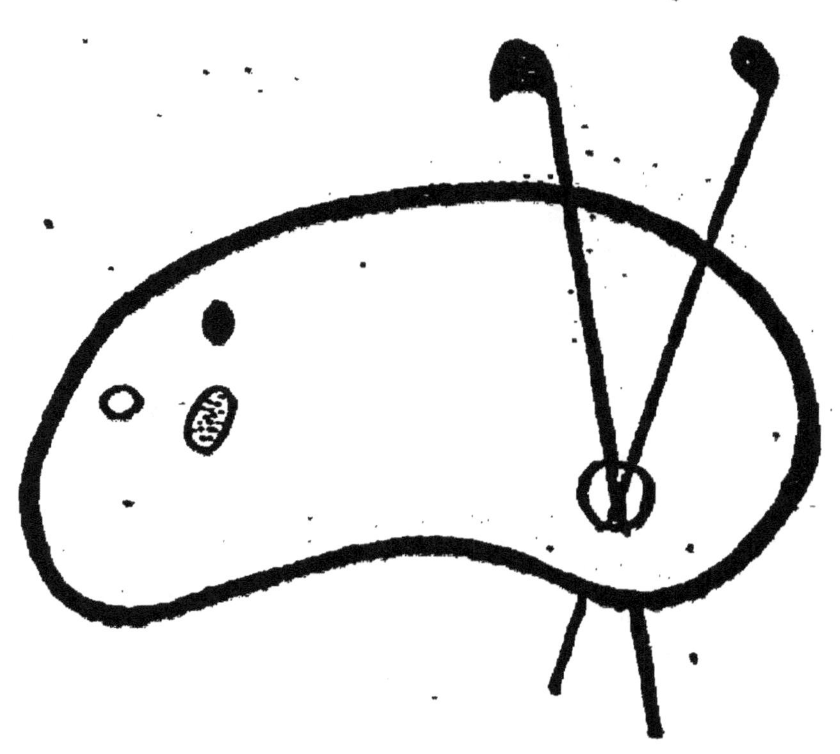

FIN D'UNE SERIE DE DOCUMENTS
EN COULEUR

# CATALOGUE

## DE

# BEAUX MEUBLES

## EN MARQUETERIE

de bois de rose enrichis de plaques en porcelaine de Sèvres, bronzes rocailles
et style Louis XVI;

**Porcelaines de Chine, Japon et Sèvres, richement montées en
bronze doré et non montées, Terres cuites, Bijoux anciens,
Armes orientales, Dentelles anciennes, d'Angleterre, Alençon et Valenciennes; Guipures, Émaux de Limoges, etc., etc,**

DONT LA VENTE AURA LIEU

## APRÈS CESSATION DE COMMERCE

### de M. PÉTRY, Md de Curiosités.

En vertu d'une autorisation du Tribunal de Commerce
de la Seine,

## RUE DES JEUNEURS, N. 16.

# HOTEL DE VENTES MOBILIÈRES,

SALLE N° 2,

*Les jeudi 27, vendredi 28, et samedi 29 novembre 1845,*
*à midi.*

EXPOSITION PUBLIQUE

Le mercredi 26 novembre 1845, de midi à quatre heures.

---

Par le ministère de M* BONNEFONS DE LAVIALLE,
Commissaire-Priseur, rue de Choiseul, n° 11,
Assisté de M. MANNHEIM, Expert, rue de la Paix, 8,
CHEZ LESQUELS SE DISTRIBUE LE PRÉSENT CATALOGUE.

---

## PARIS,

IMPRIMERIE ET LITHOGRAPHIE DE MAULDE ET RENOU,
Rue Bailleul, 9 et 11, près du Louvre.

—

**1845.**

1213

# DÉSIGNATION

# DES OBJETS.



---

### PORCELAINES DE SÈVRES.

1 — Une grande pendule en bronze doré, ornée de cinq plaques en porcelaine de Sèvres, bleu turquoise, sujets d'après Vatteau, réunion faisant de la musique dans un parc.

2 — Deux candelabres bronze doré, d'après Clodion, sur socle cannelé en porcelaine de Sèvres turquoise, et pendentifs de fleurs.

3 — Une pendule en bronze doré, enrichie de cinq plaques en porcelaine de Sèvres turquoise, sujets pastoraux et fleurs.

4 — Deux coupes (dites jardinières), porcelaine de Sèvres turquoise, sujets pastoraux d'après Boucher, monture très riche en bronze doré, or moulu.

5 — Deux coupes porcelaine de Sèvres turquoise, forme carrée arrondie, ornées de cinq cartels de fleurs et oiseaux; jolie monture en bronze doré.

6 — Une paire petits vases porcelaine de Sèvres, bleu de roi, cartels à sujets et fleurs, remarquables par leur fini; monture en bronze doré et ciselé.

7 — Deux coupes rondes en porcelaine de Sèvres turquoise, sujets à figures; monture bronze doré.

8 — Une écuelle et son plateau, Sèvres bleu turquoise, médaillons enfants et fleurs.

9 — Une tasse, un sucrier, un pot au lait, porcelaine de Sèvres fond vert et fleurs.

10 — Un vase de Sèvres bleu de roi, médaillon à sujet et fleurs, garni en bronze doré.

11 — Deux grands vases, porcelaine tendre bleu turquoise, à médaillon d'oiseaux et fleurs; riche monture en bronze.

12 — Une paire de grands vases bleu au grand feu, riche monture à serpent, surmontés de six branches de lis en bronze doré, formant candelabre.

13 — Une autre paire de vases semblables aux précédents, pouvant recevoir des lampes Carcel.

14 — Une paire vases bleu de roi au grand feu, surmontés de branches de pavots à cinq tiges, formant candelabres; monture bronze doré, unique en ce genre; les socles sont ornés de plaques de Sèvres.

15 — Une paire de vases bleu de roi au grand feu, riche monture en bronze doré, anses à enfants, surmontés de tiges de lis, formant candelabre.

16 — Une paire de vases de Sèvres bleu turquoise, formant candelabres à trois lumières, tiges de roses et œillets, en bronze doré.

17 — Un vase ovale bord à festons, porcelaine de Sèvres rose et verte, orné de deux médaillons sujets pastoraux, pied en bronze doré.

18 — Un vase jardinière de Sèvres turquoise, cartels à figures et fleurs; monture à anse enfants, en bronze doré.

19 — Un petit vase pot pourri, Sèvres turquoise, avec fleurs en relief; monture bronze doré.

20 — Un petit seau en Sèvres turquoise, cartels de fleurs; monture dorée.

21 — Une petite coupe ovale Sèvres turquoise, cartel d'oiseaux; monture à tritons, anses à enfants en bronze doré.

22 — Une coupe pareille à la précédente.

23 — Deux coupes porcelaine de Sèvres turquoise,
cartel camaïeux rouge, sujets de chasse;
montés en bronze doré.

## PORCELAINE DE CHINE ET DU JAPON.

24 · Un grand bol-jardinière, porcelaine de Chine
à figures; riche monture, bronze doré.

25 — Un bol-jardinière moyenne grandeur, porcelaine à mandarins; monté en bronze doré.
(Restauré.)

26 — Une paire beaux vases vieux Japon, porcelaine Lisbé, montée en bronze doré.

27 — Une belle jardinière, porcelaine de Chine, fond
bleu jaspé à médaillons de fleurs émaillées,
qualité rare; monture et anses à figures en
bronze doré.

28 — Un bol-jardinière laqué et burgauté, fond
noir; monture rocaille, bronze doré.

29 — Grande et belle cassolette, porcelaine du
Japon; monture rocaille très riche, bronze
doré.

30 — Une grande jardinière, porcelaine du Japon,
de 1 mètre 30 centim. de hauteur; riche
monture, bronze doré.

31 — Une grande cassolette, porcelaine du Japon, pied triangulaire, à trois anses à figures, portant six lumières, en bronze doré. Cette pièce peut servir de milieu à un surtout de table. (Le couvercle est restauré.)

32 — Deux belles lampes, porcelaine de Chine bleu turquoise, qualité très rare; garnies en bronze doré.

33 — Deux grands cornets du Japon (restaurés), montés en bronze doré.

34 — Deux jolies lampes, porcelaine du Japon; montées en bronze doré.

35 — Deux vases aiguières, bleu au grand feu, garnis en bronze doré.

36 — Un vase du Japon bleu et or, monture dorée.

37 — Une cassolette du Japon, monture dorée, anses surmontées d'oiseaux.

38 — Une grande jardinière, porcelaine à mandarins; montée en bronze doré.

39 — Une autre cassolette Japon, garniture dorée, style rocaille.

40 — Deux grands vases céladon rouge, garniture à tritons et guirlande de vigne.

41 — Deux beaux vases céladon flambé, formant candelabre, tiges de lis, roses et pavots en bronze doré.

## BRONZE, DORURES, PENDULES, CANDELABRES.

42 — Une grande et belle pendule en bronze doré,
époque Louis XV, forme carrée, ornée aux
angles de quatre grandes figures repré-
sentant les quatre parties du monde; nuages
et enfants entourant le mouvement. (Cette
pendule est remarquable par sa richesse.)

43 — Une grande pendule rocaille en bronze doré,
or moulu : Enlèvement d'Europe.

44 — Pendule rocaille à deux figures, musiciens
pastoraux. (Seul surmoulé de ce modèle.)

45 — Pendule rocaille en bronze doré : Enfant.

46 — Pendule en bronze doré, style Louis XVI.
Fût de colonne cannelée surmonté d'un
groupe de deux figures : l'Amour et
l'Hymen.

47 — Pendule en bronze doré, colonne cannelée :
Enfant se querellant. (Cette pendule n'a
pas été reproduite.)

48 — Pendule en bronze doré, style Louis XVI :
l'Innocence et l'Amour.

49 — Une pendule marqueterie de Boule, garnie de
bronze.

50 — Une paire de candelabres en bronze doré,
style rocaille à figures : Musiciens ; à six
lumières.

51 — Une paire de flambeaux style Louis XVI, figures chinoises supportant la lumière.

52 — Une paire de flambeaux rocaille à deux lumières.

53 — Une paire de flambeaux rocaille : papillons et abeilles.

54 — Un grand Christ en bronze, première épreuve, remarquable par la pureté des formes et la beauté du dessin.

55 — Un autre grand Christ en bronze.

56 — Deux groupes chevaux de Marly, bronze couleur florentine.

57 — Deux bras de cheminées à trois lumières, style Louis XVI.

58 — Deux bras de cheminées rocailles.

59 — Petite pendule forme cintrée, en marqueterie de Boule sur écaille rouge, garnie en bronze doré.

60 — Pendule, étude doré or moulu, sur socle marbre blanc.

## TERRES CUITES, ARMES, EMAUX OBJETS DIVERS.

61 — Quatre groupes en terre cuite, attribués à Pigale. Hauteur 80 centimètres.

62 — Un reliquaire, sculpture très fine du temps de Louis XIII.

63 — Un fusil turc garni en argent repoussé.

64 — Sabre, lame en damas très fin, garni en argent.

65 — Sabre, lame en damas très fin garni en argent.

66 — Un Sabre lame en damas très fin, garnie en argent avec inscription incrustation en or et pierreries, monture et fourreau en cuivre doré; travail espagnol. Ce sabre à appartenu à Joseph Bonaparte et porte son chiffre.

67 — Très beau poignard, lame droite à cannelure, damas très fin, poignée en hippopotame garnie d'argent et coraux.

68 — Très beau poignard, lame droite à cannelure, damas très fin, poignée en hippopotame garnie d'argent et coraux et ornements arabesques en creux, fourreau garni en argent et velours.

69 — Très beau poignard turc lame damas à arrête, poignée en vache marine garni d'argent et corail.

70 —- Très beau poignard turc, lame damas à arête,
poignée en vache marine, garnie d'argent
et corail.

71 — Petit poignard turc, poignée ivoire garni de
rosace en argent niellé.

72 — Plusieurs garnitures de robes brodées soie
et or sur gaze de laine ; travail oriental.
( Cet article sera divisé. )

73 — Trois magnifiques écharpes brodées soie et or
et ornées d'inscriptions en caractères turcs.
( Cet article sera divisé. )

74 — Un mouchoir turc brodé en or.

75 — Sous ce numéro seront vendus plusieurs de-
vant et bas d'autel en belles guipures anciennes, barbes en point d'Angleterre,
d'Alençon, Valenciennes, et autres.

76 — Plusieurs émaux de Limoges.

77 — Quelques bronzes bizantins.

78 — Bijoux en marcassites et strass, bagues, croix,
boucles d'oreilles, garnitures de boutons,
montres en or ornées de peinture sur
émail, tabatières anciennes, flacon en
pierre de larre et quantité de menus objets.

## MEUBLES ET OBJETS D'AMEUBLEMENT.

79 — Deux meubles portes à jour, en marqueterie de Boule, garnis de bronze doré.

80 — Deux meubles en bois de rose, côtés à gorges,
tablettes en marbre blanc, garnis de bronze couleur d'or.

81 — Un bonheur du jour en bois de rose, garni
de plaques en porcelaine de Sèvres et de
bronze doré.

82 — Un bureau à quatre faces en bois de violette
garni de bronze couleur or.

83 — Belle bibliothèque, bois de rose, garnie de
bronze couleur or.

84 — Deux beaux coffres en bois de rose, ornés cha-
cun de cinq plaques en porcelaine tendre
bleu turquoise, sujets pastoraux et fleurs,
richement garnis en bronze doré.

85 — Une petite table ovale ornée de deux plaques
de Sèvres; Enfants; garnie en bronze doré.

86 — Deux encoignures anciennes garnies en bronze
doré, marbre brèche d'Alep.

87 — Une jardinière en bois de rose à pied de bi-
che, carré long, garnie de cuivre doré.

88 — Petit bureau à dos d'âne, bois de rose, garni de
plaques en porcelaine et de cuivre doré.

89 — Petit bonheur du jour, bois satiné, garni de
perles en cuivre.

90 — Petite table bois de rose, garnie de cuivre
doré.

91 — Petite table, bois de rose à écran et marqueterie de fleurs, richement garnie en cuivre doré.

92 — Petite table à contours, bois de rose à marqueterie de fleurs, richement garnie en
cuivre doré.

93 — Petite table garnie en cuivre.

94 — Petit bureau, genre bois de rose, dessus en
velours, garni en cuivre.

95 — Petite bibliothèque d'appui à deux portes vi-
trées et en marqueterie de bois.

96 — Un miroir dauphin bois de rose et cuivre
doré.

97 — Petite toilette portative.

98 — Jardinière bois de rose, garnie de plaques en
porcelaine de Sèvres tendre et cuivre doré.

99 — Sous ce numéro seront vendus 40 bons tableaux de différents maîtres, et les objets
de curiosité non décrits à ce catalogue.

# CONDITIONS DE LA VENTE.

Les acquéreurs paieront cinq pour cent en sus du prix des adjudications.

1218          Paris, imp. de MATLOE et RENOU, rue Bailleul, 9-11.

www.ingramcontent.com/pod-product-compliance
Lightning Source LLC
LaVergne TN
LVHW021456060726
842527LV00006B/2264